El koala

Grace Hansen

Abdo Kids Jumbo es una subdivisión de Abdo Kids
abdobooks.com

abdobooks.com

Published by Abdo Kids, a division of ABDO, P.O. Box 398166, Minneapolis, Minnesota 55439.

Abdo Kids Jumbo™ is a trademark and logo of Abdo Kids.

Printed in the United States of America, North Mankato, Minnesota.

102019

012020

Spanish Translator: Maria Puchol

Photo Credits: Alamy, iStock, Shutterstock

Production Contributors: Teddy Borth, Jennie Forsberg, Grace Hansen
Design Contributors: Dorothy Toth, Pakou Moua

Library of Congress Control Number: 2019943936

Publisher's Cataloging-in-Publication Data

Names: Hansen, Grace, author.

Title: El koala/ by Grace Hansen

Other title: Koala. Spanish

Description: Minneapolis, Minnesota : Abdo Kids, 2020. | Series: Animales de Australia

Identifiers: ISBN 9781098200831 (lib.bdg.) | ISBN 9781098201814 (ebook)

Subjects: LCSH: Koala--Juvenile literature. | Koala bear--Juvenile literature. | Animals--Australia--Juvenile literature. | Spanish language materials--Juvenile literature.

Classification: DDC 599.25--dc23

Contenido

Los koalas

Los koalas pueden parecer pequeños osos. Pertenecen a la familia de los **marsupiales**, no son osos. Los canguros son marsupiales también.

Los koalas viven en el este y sureste de Australia. Crean sus hogares en los árboles de bosques de **eucaliptos**. Esto los mantiene a salvo de los **depredadores**.

Los koalas están cubiertos de un grueso y espeso pelaje. Se siente como la lana de una oveja. Los koalas usan sus garras para limpiarse.

Los koalas tienen la columna vertebral curvada. Su forma es perfecta para caber en los recovecos de los árboles.

Sus manos les ayudan a agarrarse bien a las ramas de los árboles. Las almohadillas de sus manos y pies son ásperas.

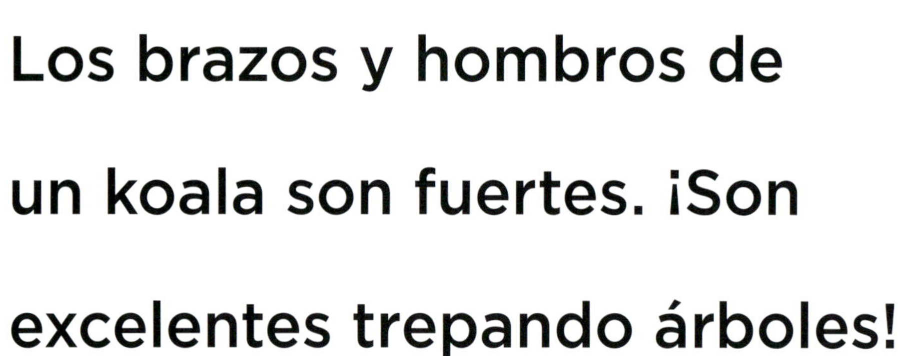

Los brazos y hombros de un koala son fuertes. ¡Son excelentes trepando árboles!

Alimentación

Los koalas solamente comen hojas de **eucalipto**. Duermen de 18 a 22 horas cada día. Digieren la comida mientras duermen.

Crías de koala

Los koalas hembra generalmente tiene una **cría** a la vez. La cría es muy pequeña al nacer. ¡Es del tamaño de un caramelo!

La cría permanece en la bolsa de la madre y bebe leche. A los 6 meses ya puede ir a cuestas en la espalda de la madre. Después de un año, ya está lista para vivir por su cuenta.

Más datos

- Los koalas no sólo usan los árboles para dormir y para estar seguros. Los árboles también les ayudan a mantenerse frescos.

- Las huellas dactilares de un koala se parecen mucho a las de los humanos.

- El nombre cientifico de los koalas es Phascolarctos cinereus. “Phascolarctos” viene de la palabra griega “phaskolos”, bolsa; y “arktos”, oso. “Cinereus” significa de color ceniza.

Glosario

cría – bebé de animal.

depredador – animal que caza otros animales para comérselos.

eucalipto – tipo de árbol alto y de hoja perenne originario de Australia. Los eucaliptos tienen hojas que sueltan un aceite de olor fuerte que se usa en medicinas.

marsupial – animal que pertenece a un grupo de mamíferos que incluye los canguros y las comadrejas. Las hembras tienen una bolsa fuera de su vientre donde llevan a las crías después de nacer.

Índice

¡Visita nuestra página **abdokids.com** para tener acceso a juegos, manualidades, videos y mucho más!

Usa este código Abdo Kids

AKK5441

¡o escanea este código QR!